1. Lesestufe

Thomas Krüger • Martin Klein • TINO

Die schönsten Leseraben-Ostergeschichten

Mit Bildern von Ina Hattenhauer,
Eleonore Gerhaher und
Dorothee Mahnkopf

Ravensburger

1 3 5 4 2

Ravensburger Leserabe
Diese Ausgabe enthält die Bände
„Eine kunterbunte Überraschung" von Thomas Krüger
mit Illustrationen von Ina Hattenhauer,
„Emma im Hasenglück" von Martin Klein
mit Illustrationen von Eleonore Gerhaher,
„Kunterbunte Ostergeschichten" von TINO
mit Illustrationen von Dorothee Mahnkopf.
©2013, 2016 Ravensburger Verlag GmbH

©2025 Ravensburger Verlag GmbH
Postfach 2460, 88194 Ravensburg
Umschlagbild: Ina Hattenhauer
Konzeption Leserätsel: Dr. Birgitta Reddig-Korn
Design Leserätsel: Sabine Reddig
Gestaltung und Satz: bieberbooks

Printed in EU
ISBN 978-3-473-46382-4

ravensburger.com/service
www.leserabe.de

Inhalt

Thomas Krüger

Eine kunterbunte Überraschung

Mit Bildern von Ina Hattenhauer

DONALD RABBIT und MICKI KUCHEN

Alles wird bunt!

Donald Rabbit springt aufgeregt
von seinem Stuhl.
„Alles wird bunt!", ruft er.

„Nein, wird es nicht",
sagt Micki Kuchen.
Sie hat Donald Rabbit
aus einem Osterbuch vorgelesen.

„Du hast gesagt,
der Osterhase macht alles bunt!",
sagt Donald Rabbit.

„Habe ich nicht", sagt Micki Kuchen. „Ich habe gesagt, der Osterhase bringt bunte Ostereier."

„Sage ich doch", sagt Donald. „Er bringt so viele bunte Ostereier, dass alles bunt wird."

„Quatsch", sagt Micki Kuchen.
„Er bringt nur einige
bunte Schoko-Eier.
Die versteckt er.
Und wir müssen sie suchen."

„Suchen? Wieso?
Ich will sie essen!
Alle!", ruft Donald Rabbit.

„Wieso du? Wir teilen,
wenn wir sie gefunden haben",
sagt Micki Kuchen.

Donald Rabbit versteht das nicht.
Teilen? Wenn der Osterhase
nur einige Schoko-Eier bringt,
wird Donald nie im Leben satt.

So was Doofes!

Es regnet und regnet

Micki Kuchen ist sauer.

Es ist immer dasselbe mit Donald.

Immer will er alles für sich.

Micki guckt aus dem Fenster.

Dann sagt sie: „Der Osterhase

kommt sowieso nicht."

„Wieso nicht?",
fragt Donald erschrocken.

„Guck aus dem Fenster",
sagt Micki. „Es regnet.
Alles ist nass und kalt.
Der Osterhase kommt nur
bei schönem Wetter.
Und er kommt nicht
zu Vielfraßen."

15

Micki Kuchen klappt das Buch zu
und saust ins Zimmer.
Dort steht der Schrank
für den Krimskrams.

Micki Kuchen hüpft hinein.
Im Schrank kann sie sich
über Donald Rabbit ärgern.

Donald Rabbit fühlt sich
ganz mulmig.
Er hat ein schlechtes Gewissen.
Wegen Micki.

Der Schrank für den Krimskrams
macht Geräusche.
Vielleicht sucht Micki Kuchen etwas.

Aber vielleicht sind es auch
Ich-bin-sauer-Geräusche.

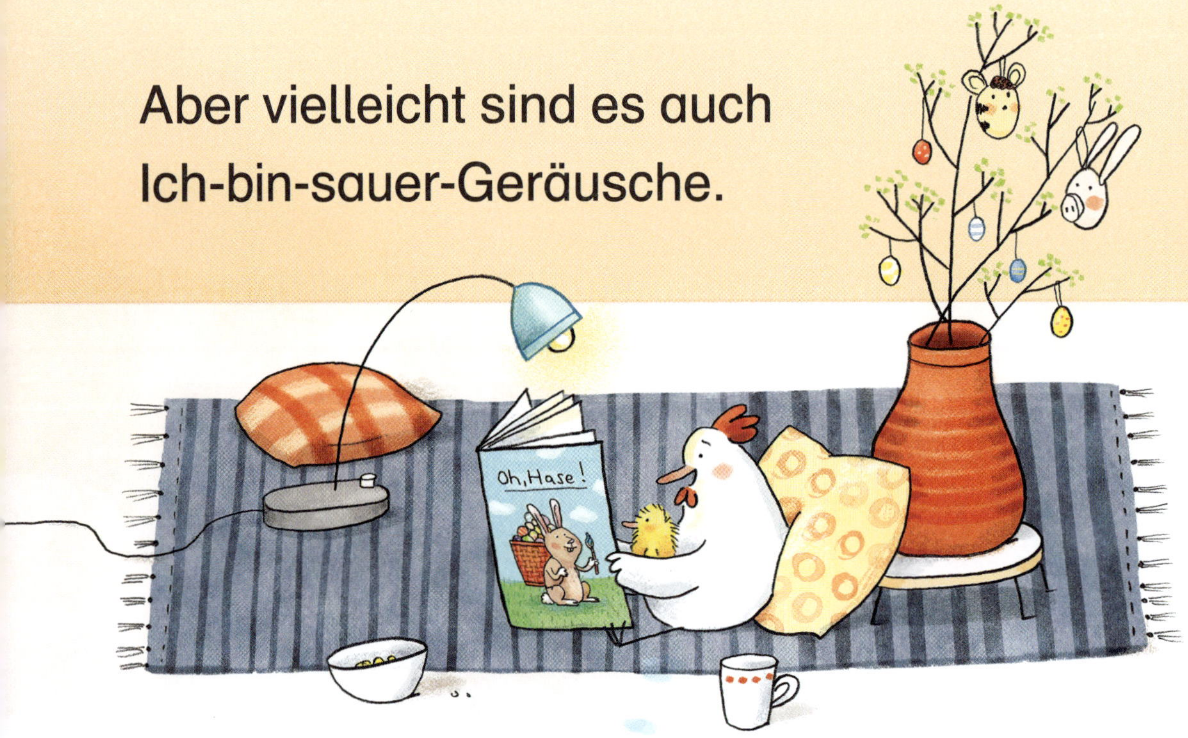

Donald Rabbit seufzt.
Dann guckt er wieder
aus dem Fenster.
Draußen fallen
dicke Regentropfen.

KLABINK!
KLABOING!
KLABINGEL!

Dann ist es Abend.
Donald ist traurig,
weil Micki noch immer sauer ist.
Und weil der Osterhase
nicht kommt, wenn es regnet.

Ostern ist schon morgen.
Was soll Donald Rabbit nur tun?
Da hat er plötzlich eine Idee.

Wo ist das Frühstück?

Am nächsten Morgen
sitzen Donald Rabbit und Micki Kuchen
am Tisch.
Donald ist müde.

Ob Micki immer noch sauer ist?
Am Abend gab es keinen
Gute-Nacht-Kuss.

Und am Morgen keinen
Guten-Morgen-Kuss.
Auwei!

Zum Glück regnet es nicht mehr.
Es scheint sogar die Sonne.

Aber Donald hat keinen Hunger.
Das ist seltsam.
Morgens hat er sonst immer
sehr großen Hunger.

Jetzt sitzt er nur da
und guckt aus dem Fenster.
Und Micki Kuchen?

Micki möchte frühstücken.
Sie guckt auf den Tisch.
Ups. Da ist nichts,
was sie essen könnte.

23

Wo ist die Minze-Marmelade?
Und die rote Grütze?
Und der Pi-Pa-Pudding,
der so gelb ist wie Honig?

„Donald?"
„Ja?"
„Wo ist das Frühstück?"

Micki Kuchen macht
ein düsteres Gesicht.
So düster wie Tümpel-Tinte.

Donald Rabbit grinst.
„Weiß nicht", sagt er.
Er hopst vom Stuhl
und guckt in die Spielzeugkiste.
„Hier ist es nicht."

„Donald!", ruft Micki.
Ihr Gesicht ist noch düsterer.
Wie Tiefe-Tümpel-Tinte.

Donald hebt den Teppich hoch
und guckt drunter.
„Hier ist auch nichts."

26

Da platzt Micki Kuchen vor Wut.
„Du hast mir alles weggefuttert!
Du denkst nur an dich.
Du bist ein Vielfraß!"

„Was? Ich?",
ruft Donald Rabbit erstaunt.
„Ja, du! Ich hoffe,
du bekommst Bauchschmerzen!"

Donalds Schnurrbarthaare
fangen an zu zittern.
„Du bist gemein!", ruft er.
Dann saust er hinaus.

WUMMS!

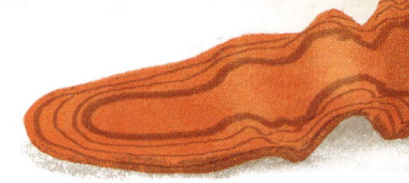

Die Tür knallt zu.
Donald ist verschwunden.
Mickis Wut wird plötzlich
ganz klein. Wo ist Donald hin?

Eine süße Überraschung

Micki Kuchen öffnet die Tür
und geht hinaus.
Wie schön, dass es
nicht mehr regnet.

Die Bäume sind grün.
Das Dach der Knusperhütte
leuchtet rot.
Und in der Schubkarre
leuchten Blumen.

Wie? Blumen?
Micki Kuchen wundert sich
und guckt genauer hin.
In der Schubkarre ist etwas Rotes.

Aber das sind keine Blumen.
Rot und rund ist es.
Micki schnuppert daran.

Süß riecht es.
Sie fasst es an.
Klebrig ist es.

Das sieht fast aus
wie ein Osterei!
Aber es ist keins.

Micki Kuchen geht weiter,
um Donald Rabbit zu suchen.
Wo steckt er nur?

Der Weg ist noch nass.
Im Matsch sind Spuren.
Die Füße,
die zu den Spuren gehören,
kennt Micki.
Sie muss sich ein Lachen verkneifen.

Und was ist das?
Drei grüne Kugeln.
Fast wie Ostereier
liegen sie im Vogelnest.

Auch in der alten Wanne
liegt etwas. Vier gelbe Kugeln.
Gelb wie Honig.

Wieder schnuppert Micki Kuchen.
Süß riecht es.
Sie fasst die Kugeln an.
Klebrig sind sie.

Micki Kuchen lacht.
Und dann hört sie es:

BRRRRRRR!

Micki geht zum Schuppen
und macht die Tür auf.

Da sitzt Donald.
Seine Schnurrbarthaare zittern.

BRRRrrrrr!

Micki nimmt Donald in den Arm
und gibt ihm einen Kuss.
„Entschuldigung", sagt sie.

„Ich habe gedacht,
du hast alles aufgefuttert.
Aber ich glaube,
der Osterhase war da."
Donald Rabbit schnieft.

„Der Osterhase hat
die köstlichen Keks-Kugeln
in grüne Minze-Marmelade getunkt!",
sagt Micki Kuchen.

„Ja", sagt Donald. „Und in rote Grütze
und in gelben Pi-Pa-Pudding!"
Er leckt sich über die Lippen.

„Und dann hat er die Keks-Kugeln
versteckt", sagt Micki Kuchen.
„Und ich habe sie alle gefunden!"

„Alle? In der Schubkarre
und im Vogelnest
und in der Wanne?"
Jetzt lacht Donald Rabbit.

„Alle!", ruft Micki Kuchen.
„Du bist ein prima Osterhase.
Komm! Wir frühstücken und
futtern alle Keks-Kugeln auf!"

Und dann gibt sie Donald Rabbit
noch einen Kuss.
Und Donald wird so rot
wie ein rotes Osterei.

Martin Klein

Emma im Hasenglück

Mit Bildern von Eleonore Gerhaher

Hasen-Fantasie

Fantasie-Hasen machen
noch mehr Arbeit
als echte Hasen.
Deshalb hat Emma viel zu tun.

Jeden Tag malt sie zwei Hasenbilder.
Heute sind sie wieder
besonders schön geworden.

Ein Hase hat lange Wimpern
und bunte Pfoten.
Daneben steht: „für Mama".

Der zweite Hase
fährt einen Rennwagen.
Daneben steht: „für Papa".

„Danke, Schatz!",
sagen Mama und Papa.

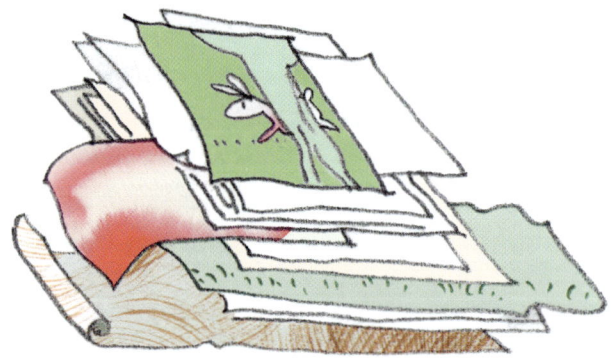

Sie lächeln süßsauer
und legen die Blätter
zu den anderen Bildern.
Es ist ein hoher Stapel.

Emma hängt ein Plakat
an ihre Zimmertür.

Im Supermarkt legt Emma
Heu und Streu
in den Einkaufswagen.

Mama schimpft und räumt
alles zurück ins Regal.

Am Abend sucht Emma Bücher heraus.
Sie heißen:

Fips, der kleine Osterhase,
Ein Hase für alle Fälle,
Schöner leben mit Hasen.

Papa seufzt.
Er holt andere Bücher.

„Wie wär's heute mal mit:
Wackel, der Dackel?"
Emma schüttelt den Kopf.

„Tino, der Dino?",
fragt Papa.
„Nein", sagt Emma.

„Klaus, die Maus?", fragt Papa.
„Nein!", sagt Emma.

„Wenn ich schon
keinen echten Hasen habe,
will ich wenigstens
eine Hasengeschichte."

„Na gut."
Papa nimmt ein Hasenbuch.
„Aber einen echten Hasen
kriegst du nun mal nicht."

„Mir doch egal",
sagt Emma finster.
„Und jetzt mach schon."

Papa liest eine Hasengeschichte vor.
Und er weiß genau,
welches Tier danach
durch Emmas Träume hoppelt.

Hasen-Überraschung

Es ist Ostern.
Emma ist sehr gut im Eiersuchen.

Sie läuft durch den Garten
und findet alle Ostergeschenke.
Fast alle.

„Hast du schon
beim Schuppen geschaut?",
fragt Papa.
Mama lächelt geheimnisvoll.
Emma rennt zum Schuppen.
Dort findet sie – eine Katze.

„Toll!", ruft Emma.
„Aber ein Hase wäre
noch besser gewesen!"

„Wie bitte?",
rufen Mama und Papa.

Die Katze versucht vergeblich,
unter der Schuppentür
hindurchzukriechen.
Sucht sie etwa
auch Ostereier?

Dann sitzt das Tier
reglos vor der Tür.
Nur sein Schwanz zuckt
hin und her.

Hinter dem Türspalt ist etwas.
Emma erkennt ein bisschen Fell und
ein weißes Puschelschwänzchen.

„Juhuu!", jubelt Emma.
„Das ist das schönste Geschenk
meines Lebens!"
„Wie bitte?",
rufen Mama und Papa.
Emma scheucht die Katze fort.
Sachte öffnet sie die Tür.

Der kleine Hase hockt im Schuppen.
Er läuft nicht fort.
Er schaut Emma an.
Sein Hasenherz klopft.
Und neben ihm liegt
ein großes Ei aus Marzipan.

Emmas Eltern kommen zum Schuppen.

Emma umarmt sie.

„Danke, Papa! Danke, Mama!"

Beide kriegen einen dicken Kuss.

„Schau dir das an, Schatz",

sagt Mama zu Papa.

„Das gibt's doch nicht, Liebling",
sagt Papa zu Mama.

„Das gibt's doch!"
Emma knufft ihre Eltern
und nickt ihnen schlau zu.

Sie weiß genau,
wer in Wirklichkeit
die Ostergeschenke versteckt …

„Das ist ein wildes Kaninchen",
sagt Papa.
„Es hat sich im Schuppen
vor der Katze versteckt",
sagt Mama.

„Schnuffel"

„Liese"

„Blümchen"

„Wie soll ich das Häschen nennen?",
fragt Emma.
„Schnuffel, Liese, Blümchen
oder Rocker?"

„Rocker"

Papa und Mama
schauen sich an
und seufzen mal wieder.

Diesmal seufzen sie
sogar besonders laut.

Hasen-Glück

Emma nennt den Hasen
abwechselnd Schnuffel-Liese
und Blümchen-Rocker.
Schnuffel-Liese,
falls er ein Weibchen ist.

Und Blümchen-Rocker,
falls er ein Männchen ist.
Das weiß nämlich keiner so genau.

Der kleine Hase soll es gut haben.

Schutz vor der Katze braucht er auch.

Deshalb baut Emma im Garten

einen schönen Stall.

Sie benutzt dafür alte Bretter

und Reste vom Zaun.

Und Mamas Draht,
der sonst das Blumenbeet
vor hungrigen Hasen schützt.
Emmas Puppenhaus
wird zum Hasenheim.

Emma pflückt ganz viel
Klee und Löwenzahn.
Die Möhren für die Gemüsesuppe
kriegt Emmas Hase auch.
Gemüsesuppe schmeckt
auch ohne Möhren.

Im Supermarkt
bleiben Heu und Streu
neuerdings im Einkaufswagen.

Jetzt hat Schnuffel
es so gut wie nie.
Aber der kleine Hase
ist trotzdem nicht glücklich.

Tag und Nacht
duckt er sich ins Puppenhaus.

Die Löwenzahn-Berge
rührt er kaum an.
Und vor den Möhren
fürchtet er sich.

„Wir müssen ihn freilassen",
sagt Papa.
„Wilde Kaninchen brauchen ihre Sippe."
„Aber das sind doch jetzt wir",
sagt Emma.

„Ich fürchte, dein Schnuffel
vermisst seine Mutter", sagt Mama.
Emma ist traurig.
Aber sie sieht es ein.
Sie baut den Stall ab.
Nur das Puppenhaus bleibt stehen.

Der kleine Hase
versteckt sich wie immer darin.
Emma wartet ganz still.

Nach einer Weile traut sich
Schnuffel zaghaft heraus.

Er schaut sich um.

Emma winkt.

Dann hoppelt Schnuffel

eilig ins Gebüsch.

Dort taucht ein zweites Paar

lange Ohren auf.

Jetzt ist der kleine Hase
wieder da, wo er hingehört.
Diesmal ist es Emma,
die besonders laut seufzt.

„Zum Trost machen wir morgen
einen schönen Ausflug",
sagt Papa.

„Wohin denn?", fragt Emma.
Mama nickt geheimnisvoll.
„Das ist eine Überraschung."

Am nächsten Tag
ist Emma gespannt.
Zusammen fahren sie
an den Stadtrand.

Was ist am Stadtrand schön?,
denkt Emma.
Dann sieht sie das Schild:

„Das ist superschön!", ruft sie.
Emma kehrt mit zwei Hasen
nach Hause zurück.

Sie nennt die beiden
Schnuffel-Liese und
Blümchen-Rocker.
Bestimmt sind sie
ein Männchen
und ein Weibchen.
Was für ein Hasenglück!

TINO

Ostergeschichten

Mit Bildern von Dorothee Mahnkopf

Viel zu viele Ostereier

Lili, Mama und Papa

wollen einen Osterstrauß basteln.

Damit sich der Osterhase freut.

Sie pusten Eier aus, bemalen sie

und hängen sie an die Zweige.

Doch die Eier reichen nicht.
Es sind viel zu wenige Eier – schade.
Der Osterstrauß sieht mickrig aus.
„Hoffentlich ist der Osterhase
nicht traurig", flüstert Lili,
als sie zu Bett geht.

In der Nacht hat Lili
einen seltsamen Traum:
Es klingelt an der Tür.
Tante Pia bringt fünfzig Eier,
Onkel Alf hundert Eier.
Oma Maxi schenkt Lili
fünfhundert Eier.
Opa Paul hat tausend Eier dabei.

Es kommen immer mehr Leute.
Alle bringen Lili Ostereier.
Bald ist das ganze Haus
voller Ostereier.
Viel zu viele Ostereier!
Da wacht Lili auf.
Ein Glück,
es war nur ein Traum.

Da klingelt es an der Tür.
Es ist Tante Pia.
Sie bringt Lili fünfzig Eier.
Auch Onkel Alf kommt,
Oma Maxi und Opa Paul
sind auch da.
Alle bringen Lili Ostereier.

Und es werden immer mehr:
Ostereier im Wohnzimmer,
Ostereier in der Küche,
Ostereier in der Badewanne.
Berge von Ostereiern – überall.
Viel zu viele Ostereier!

Aber wo sind Mama und Papa?

Mama und Papa sind verschwunden.

„Mama? Papa?", ruft Lili.

„Hier sind wir!",
antworten Mama und Papa.
Sie graben sich einen Tunnel
durch die Ostereier.

„Was sollen wir tun?",
fragen Mama und Papa.
Da hat Lili eine Idee:
Sie öffnet das Fenster.
Die Ostereier purzeln
in den Garten.

91

„Wir hängen die Ostereier
an den Baum!", ruft Lili.
Alle machen mit.
Bald sind die Zweige
voller Ostereier.

„So einen schönen Osterstrauß
gab es noch nie",
sagt Lili.
Da wird sich der Osterhase
aber freuen …

Frohe Ostern!

Im Garten der Kirche
ist ein Osterfest.
Es gibt Saft, Kuchen und Spiele.
Und später auch Schokohasen.
Darauf freut sich Tim.

Caro, das freche Mädchen
aus Tims Schule, ist auch da.
Schade, denkt Tim.
Caro und Tim mögen sich nicht.

Am Kuchenstand
rempelt Caro Tim an.
Tims Saft schwappt über.
Sein Kuchen schwimmt
auf dem Teller.
„Kannst du nicht aufpassen?",
fragt Caro frech.
Tim sagt nichts.

Dann werden die
Schokohasen verteilt.
Alle Kinder laufen nach vorne.
Tim greift
nach einem der Hasen.

Da drängelt sich Caro vor.
Sie nimmt sich
gleich zwei Schokohasen.
Tim geht leer aus.
„Frohe Ostern, Tim",
höhnt Caro.
Gemein.

Jetzt machen die Kinder Spiele.

Beim Eierlaufen rutscht Tim

das Ei vom Löffel und zerbricht.

Caro grinst schadenfroh.

Tim ist nicht zum Lachen.

Heute ist nicht sein Tag.

Aber beim Eierweitwurf
will Tim zeigen, was er kann.
Der Gewinner bekommt einen Preis:
ein tolles Riesen-Osterei.
Tim will das Ei gewinnen.
Caro auch.

Caro wirft zuerst.

Sie wirft das Ei sehr weit.

Die anderen Kinder

sind auch nicht schlecht.

Bis auf Tim.

Sein Ei landet auf dem Dach.

Es rutscht nach unten
und kullert über die Wiese.

Hinein ins Gebüsch.

Wo ist Tims Ei?

Das Ei ist weg.

Caro hat gewonnen.

Sie bekommt das Riesen-Osterei.

Caro ist stolz.

Alle klatschen.

„Bravo, Caro!", rufen die Kinder.

Dann ist das Fest vorbei.

Tim sucht noch immer
nach seinem verlorenen Ei.
Wo kann es sein?
„Frohe Ostern, Weichei",
sagt Caro zu Tim.
„Schau mal, was ich gewonnen habe!"
Da sieht Tim etwas im Gebüsch.
Ist das etwa sein Ei?

Vorsichtig biegt Tim
die Zweige zur Seite.
Tim staunt.
Da ist ein Nest
mit glitzernden Ostereiern!
Sie leuchten golden in der Sonne.

Jedes der Eier ist schöner
als Caros Riesen-Osterei.
Zwischen den Ostereiern
steckt eine Karte.
Darauf steht:
„Frohe Ostern, Tim!"
Na, so was.

Da sieht Tim
einen Hasen davonhoppeln.
„War das etwa der Osterhase?",
fragt Caro neugierig.
Tim lächelt geheimnisvoll.

„So schöne Ostereier
habe ich noch nie gesehen",
sagt Caro.
Tim gibt Caro
eines der glitzernden Ostereier.

„Schenke ich dir",
sagt Tim von Herzen.
„Schöne Ostern, Caro".
Dann geht er froh nach Hause.

Wo ist der Osterhase?

Heute ist Ostern.
Mama und Papa schlafen noch.
Sofie und Finn nicht.
Sie wollen den Osterhasen
dabei überraschen,
wie er die Eier versteckt.

Sofie und Finn
schleichen ins Wohnzimmer
und verstecken sich
hinter dem Sofa.
Sie können es kaum erwarten,
bis der Osterhase kommt.

Der Osterhase –
kommt nicht.

Finn sieht aus dem Fenster.
Ist da nicht der Osterhase?
Schnell huschen die zwei
in den Garten.

Der Osterhase –
ist weg.

Hinter dem Gebüsch
sieht Sofie etwas hoppeln.
„Da ist der Osterhase!", ruft sie.
Die beiden eilen zum Gebüsch.

Doch das Gebüsch –
ist leer.

Da sieht Sofie einen Püschel
hinter der Gartenhütte.
„Da ist der Osterhase!", ruft Sofie.
Sofie und Finn
rennen zum Gartenhäuschen.

Doch hinter dem Häuschen ist –
kein Osterhase.

Da sieht Finn zwischen den Tulpen
ein Paar Hasenohren.
„Schnell, wir haben ihn!", ruft er.

Doch zwischen den Tulpen ist –
nichts.
Kein Osterhase weit und breit …

Enttäuscht gehen die beiden
zurück ins Haus.
Sofie und Finn
bekommen große Augen.
Überall sind Ostereier.

Hinter der Blumenvase,
unter dem Tisch,
neben dem Sofa.
Da sind auch Mama und Papa.
„Überraschung!", ruft Papa.
„Der Osterhase war da", sagt Mama.

Sofie und Finn freuen sich:
So viele Ostereier.
„Nächstes Jahr
teilen wir uns auf",
sagt Finn zu Sofie.
„Du passt im Haus auf.
Und ich passe im Garten auf."

„Dann werden wir den
Osterhasen überraschen",
antwortet Sofie.
Die beiden freuen sich schon darauf.

Leserätsel

Rätsel 1 | **Eine kunterbunte Überraschung**

Welches Wort stimmt? Kreuze an!

Der Osterhase kommt
nicht zu

○ vielen.
○ vieren.
○ Vielfraßen.

Vier gelbe Kugeln
liegen in der

○ Werkzeugkiste.
○ Wanne.
○ Wolke.

Als Micky Donald küsst,
wird der Hase

○ rastlos.
○ ratlos.
○ rot.

Rätsel 2 | **Eine kunterbunte Überraschung**

Findest du die richtige Seite?
Trage die Zahl ein!

Auf Seite ___ steht einmal **Gewissen**.

Auf Seite ___ steht einmal **Spielzeugkiste**.

Auf Seite ___ steht einmal **Matsch**.

Emma im Hasenglück

Welche Buchstaben fehlen im Raster?
Fülle die Kästchen aus!
Schreibe Großbuchstaben:
Katze → KATZE

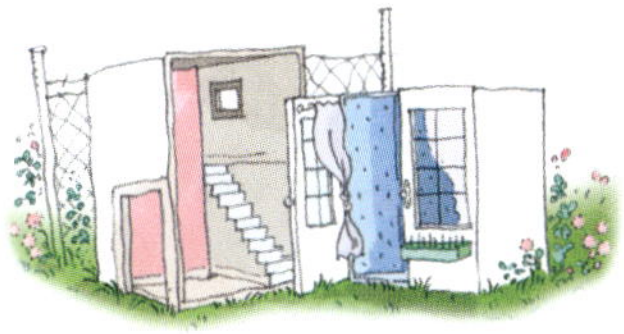

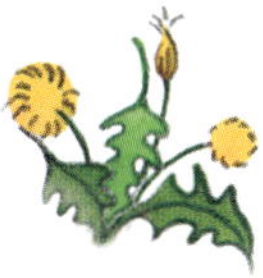

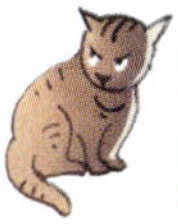

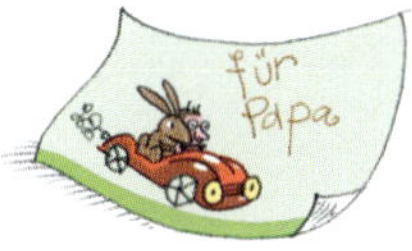

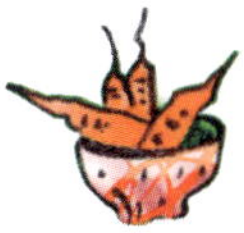

Ö

P

A

A N D

M N

U

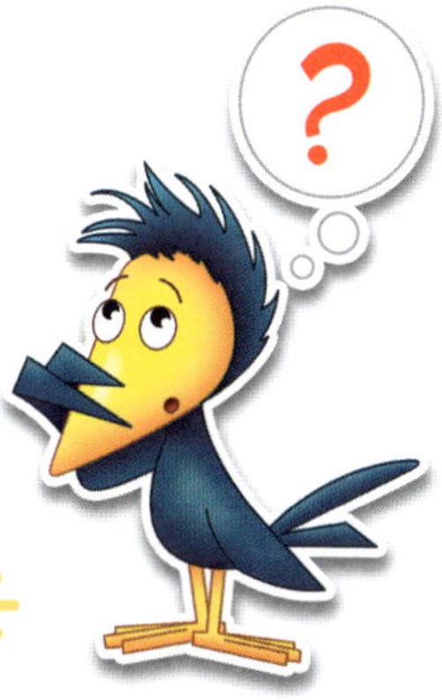

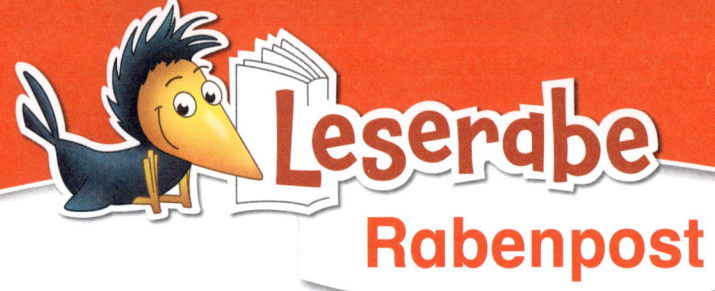

Leserabe
Rabenpost

Rätsel 4

Kunterbunte Ostergeschichten

Fülle die Lücken aus. Trage die Buchstaben in die richtigen Kästchen ein. So findest du das Lösungswort für die Rabenpost heraus!

Das Osterfest ist im Garten der

| K | ₅ | ₇ | | | E |

. (Seite 94)

Tims Kuchen schwimmt auf dem

| ₁ | E | | | ₄ | |

. (Seite 96)

Tim rutscht das Ei vom

| L | | | | ₆ | |

. (Seite 99)

Finn sieht aus dem

| F | ₂ | | S | T | | ₃ |

. (Seite 112)

Lösungswort

| O | S | ₁ | ₂ | ₃ | ₄ | ₅ | ₆ | ₇ |

Hast du das Lösungswort herausgefunden?
Dann kannst du jetzt tolle Preise gewinnen.

Gib das Lösungswort auf der -Website
www.leserabe.de ein oder schicke es mit der Post
an folgende Adresse:

An den Leseraben
Rabenpost
Postfach 2007
88190 Ravensburg
Deutschland

Lösungswort

An
den LESERABEN
RABENPOST
Postfach 2007
88190 Ravensburg
Deutschland

**Bitte frage
deine Eltern!***

Lesen lernen wie im Flug!

In drei Stufen vom Lesestarter zum Leseprofi

Vor-Lesestufe
Ab Vorschule

ISBN 978-3-473-46315-2

ISBN 978-3-473-46317-6

1. Lesestufe
Ab 1. Klasse

ISBN 978-3-473-46318-3

ISBN 978-3-473-46285-8

ERZ_24_001_002